숭내

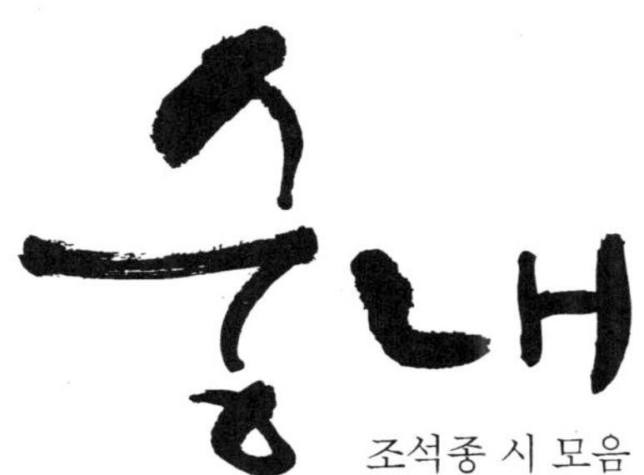

조석종 시 모음

책나무

| 저자의 말 |

탄천 가에 둥지를 틀고 10년이 흘렀다.

냇가를 거닐다 새들과 물고기들이 물어다 주는 생각거리를 글로 숭내 내어 보았다.

시답지 않은 글이나마 팔순을 맞아 사랑하는 가족들 그리고 가까운 사람들과 나누고자 한곳에 담아 볼 욕심을 내었다.

어떤 비판도 달게 받겠다.

email: rocklet@hanmail.net

2015년 7월

조석종

| 목차 |

2부

3부

4부

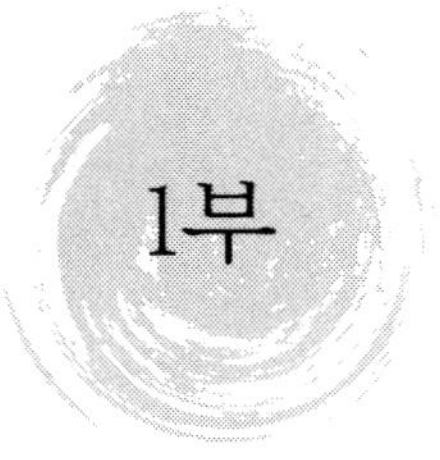

1부

개나리

애기 똥 같은 노란
꽃을 뒤집어쓰고
큰 죄나 지은 듯
코가 땅에 닿도록
고개 숙여 엎드렸다

멀리서 보고 있던
매화 산수유도 놀라
서둘러 새 싹을 게워 낸다

언제 달려왔는지
따뜻한 봄기운이
손가락 사이에
한 움큼 잡힌다

뻐꾸기

이른 아침 산책길에
귀에 익은 새소리가
가던 길을 멈춘다

귀를 쫑긋 하고 들으니
오랫동안 잊고 지냈던
뻐꾸기 우는 소리다

배곯던 기억이야 싫지만
어린 시절을 되새기는
뻐꾸기 소리가 반갑다

왜가리

그 기인 다리로
쫓아다니지 않고
한자리에 서서
고기 한 마리
코앞에 오기를
기다리는구나
인내심이 강한 건가
우둔한 것인가

우산

뇌성이 새벽잠을 깨우더니
아침에도 비는 계속 내린다
우산 들고 젖은 낙엽을 밟으며
바람을 안고 산책을 나선다

우산에 떨어지는 빗소리가
오늘따라 유난히 또렷하다
귀 기울여 자세히 들어 보니
어릴 적 많이 듣던 소리이다

마당을 때리던 소나기 소리
아궁이에 보릿짚 타는 소리
솥 안에서 밀 볶는 소리
동지팥죽 끓던 소리이다

오늘은 까마득히 잊고 있었던
옛날 어린 시절의 추억들이
우산 타고 빗물로 떨어져
입 안을 단물로 가득 채운다

단풍잎

으스스한 새벽에
산책을 나선다
형형색색의 아름다운
낙엽이 밟힌다

한때는 산뜻한 빛깔로
사람들의 눈을 끌더니
떨어졌어도 고운 색깔로
사람을 즐겁게 하는구나

떠날 때 우리도 너처럼
아름답게 갈 수 있다면

물안개

탄천이 밤사이
얼마나 추웠던지
입김을 쏟아 낸다
태어난 고향을
떠나기가 싫어선지
물 위를 서성거리다
아침 해가 손짓하니
번개같이 달려간다

탄천 1

빗물에 세수한
풀잎 닮아
물빛 또한 푸르다

징검다리 뛰어넘는
물거품에 놀라
물고기도 숨었다

터질 듯 매미 울면
잠자리 떼 날뛰고
오리들 자맥질도 바쁘다

탄천 2

수채화 물감처럼 타 내리는
땀을 식히려 탄천을 찾았다

바람도 더위 먹어 낮잠을 자고
수양버들은 물에 머리를 풀었다
강물에 머리 박은 불곡산 따라
하늘도 바닥에 납작 엎드렸다

잉어가 침입자를 쫓아 보아도
움직이는 시늉만 내어 볼 뿐
눌러앉아 일어날 기미가 없다

탄천 3

바쁠 것이 없던 냇물
폭우에 마음이 급해
미친 듯이 내달린다

징검다리는 바닥에 웅크렸고
오리들은 숨어 버렸다
잉어들도 풀 속에서 떨고 있다

영문도 모르는 갈대들은
물 따라 나섰다가 발목이 잡혀
그 자리에 키대로 나자빠졌다

탄천 4

구름 한 점 노니는
맑은 냇물에
마음의 때를 털고
촐랑대는 물소리로
귀를 씻으니
새벽안개가 쫓아와
얼굴마저 닦아 준다

팽이

바 르 게 살 려 면
언 어 맞 아 야 만
똑 바 로 서 는
팽 이 처 럼
자 극 이
필 요
해

제비꽃

지하도 계단 사이에서
사람들 발에 차이면서도
예쁜 보랏빛 꽃을 피웠다

태어난 곳 탓하지 않고
제 할 일 다하는 제비꽃이
살아가는 법을 가르친다

꽃

물기 하나 스며 나올
틈 하나 없는 가지에서
밤사이에 그렇게도
크고 화려한 꽃잎을
토해 낼 수 있다니

눈부시도록 아름다운
꽃들이 어디에 숨었다가
갑자기 화산처럼 터져 올라
우리를 놀라게 하구나

코스모스

보랏빛 코스모스
파란 하늘 높이 이고
외로이 길가에서
흐느끼며 떨고 있다

임이 떠난 길목에서
보랏빛 손수건이 되어
온몸으로 나부낀다

행여나 오시려나
앙상한 야윈 몸으로
그리운 임 기다리며
오늘도 혼자 흐느낀다

한 많은 여인의
눈물을 먹고 사는
코스모스가 있어서
가을은 더욱 슬프다

달맞이꽃

눈부신 화려함을 싫어하여
낮에는 가슴에 머리 묻고 졸다가
모두가 잠자리에 드는 밤이면
부끄러운 얼굴 살며시 내밀어
슬픈 달빛만을 먹고 산다

누구 하나 눈여겨보지 않고
벌레 한 마리 찾지 않아도
수줍어 입 다물고 고개 숙여
눈 맞출 달이 뜨기를 기다린다

매미

길고 긴 십여 년을
캄캄한 곳에서 번데기로 버티다
당당한 매미로 다시 태어난 것
기뻐해야 할 일 아니더냐

부지런히 날아다니며
고운 목청으로 짝을 찾아야지
튼튼한 날개와 커다란 겹눈은
어디에 쓰려 아껴 두느냐

날아가 덥석 품에 안지 못하고
한자리에서 짝을 유인하느라
뼈가 부닥치고 몸이 찢어지도록
그렇게 울어야만 하느냐

일생을 기다려 얻은 귀한 시간
일순도 놓치지 않고 즐겨야 할 걸
가로등과 태양도 구별 못하고
밤낮없이 피를 토하느냐

제비

블록 쌓기 경쟁하듯
아파트는 높아만 가고
전깃줄이 땅속으로
깊숙이 묻히면서
강남 갔던 제비가
돌아오지 않는다

기쁜 소식 물고 온다는
제비가 안 보이니
봄은 분명 봄인데도
봄 같지가 않다

구름

민들레 꽃씨보다
가벼운 구름 한 조각
파아란 하늘을 떠돌더니
동무들을 불러 모아
온 하늘을 업었다

솜털 같은 몸속
어디에 숨겨 두었던지
장대비를 쏟아붓는다

가벼운 구름도 뭉치면
세상을 바꿀 수도
있음을 보여 준다

갈대

떠날 날이 가까이 오면
백조는 노래를 부르고
풀과 꽃들은 울긋불긋
예쁘게 단장을 하는데
너는 흰머리 풀어 헤치고
우는 것인지 춤을 추는지
분간을 못하겠구나

첫눈

비가 내리는가 했더니
눈이 바람을 타고 몰려온다
땅바닥이 더러워 싫었던지
떼를 지어 수평으로 달려와
아파트 벽에 머리를
들이박고는 꼬꾸라진다
세상이 어수선하니
눈도 사나워졌나 보다

안산을 보며

소파에서 눈을 들어 올리면
희끄무레한 시멘트 숲 사이로
손바닥만 한 능선이 눈에 안긴다

능선 따라 미친 듯 달려가니
어둠 속에 호롱불이 가물가물한
고향 마을이 눈에 들어온다

산자락 따라 고개만 넘으면
어린 시절이 고스란히 담겨 있는
고향이 기다리고 있다는 걸
까마득히 잊고 살았다

시래기죽

다리 하나가 짧은 두레상에
올망졸망 다정하게 앉아서
침 흘리며 그릇을 응시한다

두꺼비 파리 잡아먹듯
시퍼런 숟가락이 난무하는
살벌한 전장으로 변한다

부릅뜬 버얼건 두 눈에는
형제자매 간에 지켜야 할
양보란 사치에 불과할 뿐

아무리 숨죽이고 휘저어도
겁먹은 밥티들 피란 갔는지
만신창이 시래기만 낚인다

우그러진 양푼이를 빼앗아
하늘 높이 뒤집어 보아도
흐르는 건 머얼건 물 한 방울

만남

오다
가다
만난
눈빛

새벽
별로
다가
왔다

2부

숭내

남이사 숭을 보든 말든
숭내만 내며 살아왔다
소질이 무엇인지 몰라
아무거나 숭내 내었다

한 가지 숭내만 내지 않고
이것저것 집적거리다
제대로 배운 게 없다

숭내가 숭인 줄 알면서도
숭내만 내고 살았다
돌아본 삶이 숭뿐이다

시간

어릴 적엔 시간은
나와 상관없다고 여겼다

밥벌이를 하면서
항상 시간에
쫓기며 살았다

일터에서 물러난 뒤로
남는 것이라곤 시간뿐
쫓으며 살았다

쫓고 쫓기는 틈에
세월만 몰래 저만치
달아나 버렸다

전화

70년대 초 외국에서
집으로 편지를 띄우면
가는 데 1주일이 걸렸다

안 좋은 소식 읽고는
선 자리에서 답을 띄우고
보름 동안 애간장을 태웠다

아무리 멀리 있어도
얼굴 보며 대화하는
이 편리한 세상에
애태울 일이 줄었는지

인생이란

젊어서는 다 예쁘고
미쁘고 기쁜 것 같았다

나이 들면서 시끄럽고
껄끄럽고 부끄러운 일 많았고
어울리다 보니 밑지고
빚지고 등지며 살았다

나이 들어서는 외롭고
괴롭고 애처롭던 일 많더니
늙어서는 서글프고
고달프고 아프며 산다

시계

한때는 부의 상징이고
결혼할 땐 필수품

디지털 세계로 바뀌면서
넘쳐 나는 시계

보는 이 하나 없는
먼지 뒤집어쓴 벽시계가
나를 빼닮았다

연

마음이 울적할 때에는
연이 되는 꿈을 꾼다
자질구레한 걱정일랑
바람에 날려 버리고
높은 하늘을 나는
연이 되고 싶다

연처럼 높이 올라
드넓은 세계를 보며
마음을 키웠으면

때

때를 잘못 만난 탓에
때가 와도 몰라보고
때를 온몸에 덮어쓰고
때 걱정만 하며 살았다

때 때문에 떼를 쓰고
때에 따라 살아가느라
때 없이 일하는 때였지만
때 없고 때 몰랐다 그때

어머니

우리 어머니
밥도 아니고 떡도 아닌
맹물 상에 떠 놓고
두 손 모으던 뜻을
그땐 어려서 몰랐다

꽃다운 열아홉에
꿈 많던 부잣집 규수에서
가난한 농부의 아내 되어
오 남매 낳아 키우느라
모든 것을 다 바쳤다

글과 바느질 솜씨에다
짭질받다던 우리 어머니
일본 가신 아버지 대신
팔 걷어붙이고
소처럼 일하셨다

보답으로 돌아온 것은

한창 나이 서른둘에
대퇴골이 어긋나서
평생을 절면서 살라는
천벌일 줄이야

뼈가 부딪히는 아픔도 잊고
우리들 잘 자라기를 위한
간절한 합장이었음을
아이들 키워 보고서야
어렴풋이 알 것 같다

자화상

분수도 형편도 생각 않고
남이 하면 따라나섰다
가난을 털어 버리기 위해
이 악물고 앞만 보고 뛰었다
캄캄한 터널을 벗어나려고
죄 없는 세월만 닦달했다

욕심 많고 성질이 급한 데다
붙임성 없어 어울리지 못했다
거추장스런 자존심은 구겨서
서랍 속 깊숙이 넣어 두었다
위로 뛰다 넘어져도 제자리라
간이 부어 실패도 겁 안 내었다

내 몸 어느 구석을 찔러 봐도
나올 것이라곤 배짱과 옹고집
나이 들면 없어질 줄 알았는데
패인 주름살에 깊숙이 숨었다

지나온 삶이 좋았든 나빴든
모두가 똥고집 덕분이다

나의 꿈

세상을 어렴풋이 알게 되면서
양지바른 곳에 집 짓고
농사짓고 사는 게 꿈이었다

학교에 다니면서부터
세계는 넓다는 걸 알게 되면서
낯선 곳을 동경하였다

도시로 뛰쳐나갔으나
하루 세끼 밥 먹는 것도
어렵다는 것을 알게 되었다

밥 먹을 방법을 찾아
고향을 등졌다

삶

새것을 갖고 싶고
새로운 곳이 보고파
기를 쓰고 헤맨다

나이가 들면
오래된 것이
그리워진다

산다는 것은
새것 찾아 헤매다가
잊고 있던 옛것 찾아
되돌아가는 것

부모님 추상

가난한 집 막내로 태어나
글을 배우지 못한 죄로
평생 지게를 등에 지고
살아야 했던 우리 아버지

우리들 오 남매 키우느라
소처럼 일하시다 병 얻어
대퇴골 수술도 보람 없이
평생을 절며 사신 어머니

시도 때도 없이 입 벌리던
철들지 않았던 우리들은
남처럼 먹고 입지 못한다고
불평도 한두 번이 아니었고

말 대신 행동으로 가르치며
배고픔도 괴로움도 잊으시고
냉수 떠 놓고 합장하시던 모습
뒤늦게야 마음이 아려 옵니다

저도 아이 다섯을 키워서
별 탈 없이 사는 모습 보니
부모님의 한량없는 사랑이
두 손에 잡힐 듯하옵니다

내 인생의 겨울

언제나 그대로일 것 같던
내 인생의 푸르고 아름답던
봄 여름 가을은 밀려나고
모든 것이 색깔을 잃어 가는
겨울의 한복판에 다다랐다

햇살은 더 이상 따습지 않고
밤은 점점 깊어만 간다
뿌연 안개가 눈을 가리고
귀에는 매미 소리 요란하고
머리엔 흰 눈만 쌓여 간다

나에게 남은 추운 겨울도
쏜살같이 지나갈 것이니
마음 졸이며 매달리던 것들
다 털어 버리고 조용히
작별을 준비해야겠다

고삐 풀린 망아지마냥

멋대로 뛰어다녔으므로
내 인생의 겨울이 다하면
아무런 후회도 미련도 없이
하얀 눈 속에 잠들고 싶다

상전벽해

졸업하고 오랜만에 찾은
내가 다닌 초등학교
칠백 명이 넘던 전교생이
칠십 명으로 줄어들었고
1학년은 고작 3명만이
덩그런 교실을 지킨다
인구는 늘었는데도
산업화가 내 고향
모교를 쭈그러뜨렸다

무서운 버릇

찢어지게 가난하던 때에
몸에 밴 절약 정신은
풍요로운 세상에서도
떨쳐 버리지 못한다

손주 녀석 종이 달라면
쓰고 남은 이면지 건네주고
값싼 이쑤시개 귀이개도
아내 몰래 다시 쓴다

세 살 버릇 여든까지 간다는 말
여든 살이 되어서야 알 것 같다

나를 키운 것

오늘의 나를 키운 것은
즐거운 일보다는
힘든 일이었다
몸속에 침입한 모래를
핥아서 진주로 키우듯
괴로운 일들이 모여
나를 만들었으니
아무리 괴로운 추억인들
어찌 소중하지 않을쏘냐

고향의 불빛

땅거미 짙어 가던
베란다 창 너머로
두 산이 만나는 계곡에
까마득히 불빛이 보인다

눈에 익은 듯한
불빛이 이끄는 대로
고향 찾아 쏜살같이
단숨에 달려간다

호롱불 켜 놓고
해어진 양말 깁는
울옴메가 앉아 있다

반가워 덥석 안으니
창문이 손에 차갑다

고향

고향은
어린 시절의
아름다운 추억이
차곡차곡 쌓여 있는
할아버지 벽장

고향은
울적할 때면
즐거웠던 옛날이
모락모락 피어오르는
뭉게구름

고향은
눈만 감으면
애틋한 생각이
끝없이 되풀이되는
개미 쳇바퀴

고향은

지나간 날들이
잡힐 듯하다가도
손 내밀면 도망가는
아지랑이

고향은
어디에 살더라도
언젠가는 기어이
돌아가야 할
어머님 품속

고향 마을

어릴 적 고향은
동네 하나가 온 세상
더없이 큰 세계였다

다시 가 본 고향은
볼품없이 쪼그라들었고
고샅길 따라 걸어도
나를 알아보는 이 없다

늙으면 고향 와 살려 했는데
아는 사람이 없는 고향은
고향이 아니다

오래 간직한 귀향의 꿈은
꿈으로만 남았다

노인

기억력은 가물가물
책 글자는 거물거물
발걸음은 구물구물

망향가

반겨 줄 얼굴들은 갈 적마다 줄어서
그리던 고향 땅 안 간다 다짐해도
때때옷 꼬마 대장들 꿈에서 손짓한다

모닥불 꺼질까 봐 샷갓 벗어 포개던
가난을 입고 살던 소꿉동무 간데없고
외로운 노인을 보고 개들만 짖어 댄다

동동구리무만으로 예쁘던 가시내들
뿔뿔이 헤어진 후 어느 곳에 사는지
아주까리기름 냄새 코끝에 서려 온다

초가들 새 옷 입어 알아보기 어려운데
한결같이 버티고 선 고풍스런 오봉서원
할아버지 글 읽는 소리 귀에 쟁쟁하여라

산천초목 다 변해도 그대로인 애기바위
초동벌과 낙동강 오늘도 지키는구나
이 몸도 돌이 되어서 너 곁에 앉고 싶다

소꿉동무

어린 시절 소꿉동무들
배를 채울 것이 없어

진달래꽃 붉게 물들면
분홍빛 새봄을 따 먹고
달짝지근한 삘기를
열심히 뽑아 먹었다

자갈길에 트럭 나타나면
내기하듯 달려가
먼지 뒤집어쓰고 매달렸다

그때 소꿉동무들 보고파
먼 산을 우러러본다

돌담

돌멩이를 많이 먹어
배가 불룩한 돌담

소매에 손 찌른
동네 어른들이
쭈그리고 앉아
세상 이야기를
나누던 공회당

돌담 허물어지자
돌 따라 사람들도
뿔뿔이 흩어졌다

3부

봄 1

봄은 처녀의 심보
다가서면 올 듯하다
미소만 짓고 달아난다
잡힐 듯하여 손 내밀면
차갑게 뿌리친다
끈질기게 기다린 끝에
이제는 틀림없다 싶어
덥석 잡으려 하면
또 매섭게 달아난다
줄다리기를 하다가
지쳐 포기하려고 하면
언제 그랬느냐는 듯
품에 가득 안긴다

봄 2

입춘을 까먹었나 해서
봄을 찾아 나섰으나
어디에도 봄은 안 보이고
찬바람만 볼을 때린다

열심히 찾으니 곳곳에
봄이 떨고 앉았다
양지바른 비탈에
웅크리고 앉았는가 하면
땀을 뻘뻘 흘리며
패인 곳에 퍼질러 앉은
얼음덩어리를 밀어 올린다

성급한 개나리는 가지 끝에
노오란 아기 똥을 매달았다
버들강아지 새싹을 만지니
그 속에 봄이 졸고 앉았고
잔디를 툭 차니 노란 봄이
놀라서 부스스 눈을 뜬다

봄 3

노오란 햇병아리
주둥이로 쪼아 낸
노오란 새싹 물고
하늘 쳐다보면
노오란 개나리가
봄을 이끌고 온다

아지랑이

아지랑이가 봄 향기에 취해
너울너울 춤을 춘다
꿈쩍 않던 산들도 일어나
따라 춤을 춘다
덩달아 나도 흔들거린다

복더위

복더위라는 놈이 몰래
등줄기를 타고 내려
사정없이 톡톡 쏜다

냉수와 아이스크림으로
꼬셔도 끄떡도 않던 놈이
등물 한 바가지에
신발 벗고 삼십 리를
들고뛴다

나무 1

나무는 태어난 곳에서
일생을 마감하지만
키 재기 경쟁도 않고
다른 나무들과 어울리며
서로의 거리를 지킨다
짐승들과는 먹이와
보금자리를 나누면서도
겸손하여 나이마저
몸속 깊숙이 감춘다

나무 2

감정을 드러내지 않는다고
목석같다고 한다
망치로 맞아도 잠밖에 모르는
바위와 한패로 여긴다
바람 부는 날이면
우리도 손 내밀어 춤을 춘다
신혼부부 발 붙이고 잠자듯
우리들은 남이 볼세라
발을 얽어 정을 나눈다
나무 뽑힌 자리를 보면
서로 엉켜 의지하고
사이좋게 지내는지를
알 수 있는데도 말이다

나목

겨울 산의 나무들은
한여름의 두꺼운 옷을
모두 벗어 던지고
흉터도 숨기지 않고
벌거숭이로 서 있다

입을 축일 물만으로
안으로 파고드는 추위를
맨살로 이 악물고 버틴다
모진 고행을 견디며
새 옷 입을 꿈을 꾼다

겹겹이 껴입고도
웅크리고 앉은 나를
나무라는 것 같아
하늘로 얼굴을 돌린다

나무의 춤

나무들이 심심해
바람을 불러 모아
마음대로 팔 흔들어
신나게 춤을 춘다

발들은 제 알아서
서로 붙잡고 있으니
바람 부는 대로
몸만 흔들면 된다

바람 1

봄은 무엇을 타고 올 것이며
아지랑이가 어떻게 춤을 추겠나
또 구름은 무슨 재주로
높은 재를 넘을 수 있겠나

어느 누가 파아란 하늘에
폭신한 솜이불을 깔아 주며
구름 조각을 뜯어 붙여
예쁜 수묵화를 그리겠나

우리들 마음을 띄워 주는
바람이 없다고 치면

바람 2

길에 엎드렸던 낙엽들이
자전거가 지나가자
신이 나 벌떡 일어나
이를 악물고 따라 달린다

우리를 신명 나게
춤추게 할 바람은
어디쯤 오고 있는지

산

산은 언제나 그대로인데
사람들은 제각기 다른 것을 본다

어떤 이는 시를 읽고
어떤 이는 음악을 듣고
어떤 이는 산수화를 본다

또 어떤 이는 집터를
골프장을 묏자리를 본다

헌 나룻배

한때는 외부로 통하는
유일한 길목
오고 가는 사람들로
북적이던 나루

새로운 다리가 놓이면서
나는 모래 위로 끌려 나와
묶이는 신세가 되었다

밤하늘의 별들과
비바람에 떠는 갈대만이
유일한 친구일 뿐

사그라지는 몸이지만
사람 태우고 물살 가를
꿈을 밤마다 꾼다

파도

요즘 너 모습 자꾸 눈에 밟혀
행여나 하여 같이 걷던 해변에 왔다
어디에도 너 모습 보이지 않고
밀려오는 물소리만 귓전을 때린다
파도는 모든 것을 지운다는데
오늘은 네 모습을 주렁주렁 달고
나에게로 쏜살같이 달려오는구나

개소리 1
—시골

힝아

와

나는 무서바 죽겠단 말이야

머슴아 자슥이 울기는

우릴 팔려고 여기 갖다 논 거 맞제 아침에 밥 많이 준다 싶더라

맞다 우리가 팔려 가도 같이 갔으면 얼매나 좋겠노

나는 끝까지 힝아 따라갈 끼다

보신탕집으로 가는지도 모르면서

나는 힝아하고 떨어지기 싫어 죽어도 힝아 따라갈 끼다

니 하나만 구할 수 있다면 나는 무슨 짓이라도…

울지 마 힝아 토사구팽인가 머신가 카더니만

너무 걱정 말거라 우리가 죽으면 사람으로 태어나고 사람은 꺼꾸로…

싫어 나는 행니…ㅁ 아 으…ㅇ…ㅇ…

개소리 2
– 도시

사람은 본래 믿을 게 못 되는 족속이야 우리는 잠도 제대로 못 자고 집을 지키는데 말이야

그리고 반갑다고 뽀뽀라도 해 주면 재수 없다고 발로 차지를 않나

그래 사람들은 우리를 무시할 뿐 아니라 나쁜 데는 우리를 끌어들인단 말이야 자기들끼리 싸우다가도 개새끼 개귀신 개수작 개지랄이니 하고 열을 올린단 말이야

아무 이유도 없이…

우리보다 나은 것도 없고 나쁜 짓은 골라 하면서 말이다

어쩌다 세상 구경이나 할까 하고 나갔다가는 걷어차이고 돌멩이에 맞기도 하고…

맞아 어떤 집에서는 시끄럽다고 울대를 딴다는 말도 들었지

그런데도 사람들은 개 팔자가 상팔자라고 허튼 소리를 하지 않나

사람을 물지도 않았고 주인을 섬기는 데 충성을 다하지만 값이 나간다 싶으면 쇠사슬에 묶어 시장에 내다 판단 말이야

구석진 곳에 끌려가 맞아 죽느니 무슨 수를 써 보자고 개지랄 개수작이라도 한번 해 보잔 말이다

들은 이야기인데 호주에서는 들에 사는 딩고라는 우리들 먼

친척이 자연 속에서 마음대로 뛰놀며 산다는데

우리 죽기를 각오하고 헤엄쳐서라도 그곳에 갈 연구를 해 보면 어때

옳아 그것 좋은 생각이야…

달

아폴로호를 타고 간 사람이
구둣발자국을 찍기 전까지는
소복단장한 여인들이
정화수 떠 놓고 두 손 모아
소원을 빌던 신성한 대상

우주과학이란 괴물이
달을 발가벗긴 뒤로는
달을 높이 우러러보고
두 손 모으는 모습을
보기 어려운 세상이다

강물의 교훈

아장아장 산속을 헤집고 나와
바다 품에 안길 때까지
부서지고 깨어지며 달린다

높은 곳엔 원래 마음이 없고
오직 낮은 데로만 임하는
철저한 겸손을 보여 준다

떠러워지는 것 상관 않고
온갖 오폐물도 끌어안는
희생과 포용력이 놀랍다

찻집 풍경

케이크는 호물호물
쿠키는 홀딱홀딱
커피는 홀짝홀짝

고추잠자리

보고픈 게 많았던 잠자리 하나
흰 구름 무등 타고 나들이 갔다
저 아래 펼쳐지는 광경에 놀라
눈 비비다가 왕눈이가 되었다

배고픈 산골짜기 잠자리 하나
다리가 아파 고추밭에서 쉬었네
빨간 고추를 너무나 좋아하다
빠알간 잠자리가 되고 말았네

무지개

먼지 하나라도 싫어해서
비가 청소를 한 뒤에야
색동저고리 무늬를 닮은
일곱 색 비단 다리로
얼굴을 내미는 너는
무척이나 정갈한가 보다

솔방울

산에
올라갔다가
솔방울이탐이나서
따려고손을내미는데
청설모가노려보아
그만물러서니까
눈을빤짝이며
두손모으고
얌전하게
인사를
하지
뭐

4부

설날을 맞으며

되씹어 보는 지나간 한 해는
내세울 만한 이룬 일 하나 없고
기억하고 싶지 않은 일들만 많아
진한 아쉬움으로 마음이 아려 온다

언제나 다람쥐 쳇바퀴 돌듯
같은 일만 되풀이되는 삶이지만
지나간 잘못만 곱씹지 않도록
고맙게도 우리에겐 새해가 있다

가로수가 묵은 잎들을 떨쳐 버리고
벌거벗고 새로이 한 해를 시작하듯
엄마 손잡고 처음 학교 가는 아이처럼
부푼 가슴으로 새해를 맞으리다

새해가 깔아 주는 새하얀 화포에다
무지갯빛 고운 꿈을 가득 담아야지
호기심에 가득 찬 아기의 눈망울로
새로운 해를 기쁘게 맞이하리다

오감五感

새소리 바람 소리에 아름다운 산과 들
향기로운 꽃 내음에 입에 녹는 산딸기
계곡물에 발 담그니 무엇을 더 바라랴

진달래꽃과 나

먹을 것이 없어
아무거나 뜯어 먹던
한 마리 배고픈
어린 염소

꽃인 줄도 모르고
입이 까맣도록
뜯어 먹던 걸신들린
한 마리 짐승

볼펜 껍데기

투명한 내장이 누에 실을 쏟아 내듯
숨은 창자가 까만 피를 토해 낸다
실이 꼬여 비단으로 변하듯
시커먼 콜탈이 희로애락을 게워 낸다

수없는 비틀림과 손찌검의 산고를 통해
하나의 의미가 역청에서 튀어나온다
문명을 쌓아 올리고 정을 전달하는 데
나도 미력이나마 힘을 다했다

누에는 끝내는 집을 뚫고 나가
나방으로 되살아나지만
나는 검은 피를 다 쏟아 내고 나면
천덕꾸러기 빈껍데기로 나뒹군다

들판에 버려진 빛바랜 들소의 뿔처럼
비바람에 부대끼며 사그라들기보다는
벽에 걸린 사슴뿔이 지난날을 되씹듯
나는 빨랫줄로 부스러지고 싶다

지우개

때 묻은
발자국을
핥아 내는
파도마냥
제 살을
뜯어내어
잘못을
지우고는
새 화포를
만드는
투철한
희생정신에
자꾸만
작아지는
내 모습이
초라하다

숫자

어릴 적에는
나이와 출석부 번호만
외우면 되었다

지금은
주민등록 전화 통장
아파트의 비밀번호까지
외울 게 너무 많다

이름은 제쳐 두고
그 어려운 아이디로
사람을 알아본다

눈 부릅뜨고 외우는데도
치매가 놀라 도망갔다는
소리는 들리지 않는다

기다림

산다는 것은
기다리는 것

살기 위해 기다리고
기다리기 위해 산다

할아버지와 손자

잠자리가 온돌방과 침대
옷은 한복과 양복
어릴 때 천자문과 ABC
식후에 숭늉과 커피

먹고 입고 배운 것이 달라
의식주가 같아진 지금에도
할아버지와 손자 사이가
삼십 리나 되는 것 같다
세 살 버릇 여든까지란 말
헛소리는 아니었나 보다

골프

초년병 골퍼는
공을 멀리 보내는 데만
신경을 쓴다

쏟아지는 찬사에
더 멀리 보내려다
경계선을 넘거나
물에 빠트리고 만다

점수를 만회하려다
점점 더 힘이 들어가
결국은 무너지고 만다
인생은 골프다

딱꾸와 꼴뿌

오물 더미에서 만난 낡은 꼴뿌와 딱꾸가 서로 잘났다고 싸운다

너는 어째 콩밭에 넘어졌나 꼴이 꼼보군

딱 바라진 꼬마 녀석이 못하는 말이 없군

너나 나나 꼴배에 배 조금 더 나왔다고 까불지 마

공이라면 나 정도의 무게는 있어야지 밟히면 딱 하고 부서지는 주제에

나는 높이 뛸 수 있다고 이 꼴통아

너야 뛰어 봤자 딱따그르 제자리지만 내가 한 번 뛰면 몇 백 미터나 날 수가 있다고

나는 너처럼 비 맞고 물에 빠져 가며 놀지는 않아 꼴뚜기야

집 안에서 애들 싸움하듯 딱딱거리며 금방 끝내는 게 운동이냐 우리처럼 자연 속에서 네댓 시간은 해야지

경기란 상대방이 공격한 공을 치는 것이지 자기 공을 티 위에 올려놓고 치는 게 경기냐 게다가 운동이란 땀 나도록 뛰는 것인데 카트 타고 다니니 그게 운동이냐 꼴사납게

딱하군 꼴뿌는 신사 운동이라 그렇단 말이야

경기란 규칙이 중요한데 공을 잃어버리면 주머니에서 몰래

다른 공 꺼내 치는 사람도 있다는데 그게 신사 운동이냐 꼴값 떠는 짓이지

인생을 살다 보면 한두 망나니는 있게 마련이야 딱총처럼 시끄럽기는

인생 좋아하네 꼴생이 주제에

이놈의 딱생이가

이때 덤프트럭의 폐기물이 쏟아지면서 그들을 덮어 버리자 더미에서 꼴딱 하는 소리가 들려왔다

산과 강

산이 있으면 강이 있고
강이 있으면 산이 있다

강은 숨을 내뿜어
만든 비를 산에 뿌리고
산은 마시고 남은 물로
강을 살찌운다

강은 산을 품에 안고
산은 강 속이 즐겁다
산과 강은 둘이고 하나다

쓸모

나무는 죽은 뒤에
석탄이라도 되었다가
마침내 연탄재가 되어
빙판길에 다시 쓰인다

사람도 다 산 뒤에
무슨 쓸모가 있었으면

호작질

아이는 호기심 덩어리
보이는 것은 다 신기하다
만져 보고 뒤집어 보고
속에 든 것을 꺼내 본다

호작질한다고 야단맞지만
아이에게는 더없이 좋은 교육
호작질이 아이들을 키운다

개판

일이 잘못되면
개를 끌어들인다

누가 보든 안 보든
주위를 살펴
적당한 곳을 찾아
엉덩이 내리거나
다리 들어 볼일 보는데도
개판이라니

인디안–퍼시픽호

거실에서 밖을 내다보니
시멘트 덩어리가 막아선다

살며시 눈을 감으니
먹줄 친 듯 곧은 철로를
삼 일 동안이나 달리던
인디안-퍼시픽호 열차가
눈에 어른거린다

눈이 닿는 곳까지
바다처럼 광활한 평원을
다시 한 번 달리고 싶다

세렝게티

킬리만자로 산이 내려오다
멈추어 선 곳
포장된 도로도 없는 외진 곳

아무리 달려도 수풀과 짐승들뿐
사람 냄새가 나지 않는다
동물들만 어울려 사는 곳
이곳이 그들의 천국이다

먼 옛 조상 때부터 변함없이
이어져 온 보금자리에서
사람을 두려워할 줄 모르고
순박하게 살아가는
동물의 왕국을 본다

마추픽추를 보고

깎아지른 산꼭대기에
꼭꼭 숨었다가
허물어진 상태로나마
화려했던 문화를 말해 준다

태양신을 가까이 하려
가파른 산 정상에다
집채만 한 바위들을 옮겨다
화려한 산상 도시를 세운
그들은 위대한 예술가들

찬란한 문명 앞에
넋을 잃고 멍청하게
쳐다보고만 섰다

매킨리 산

외지인들이 들어오기 전에
이곳에 살던 사람들이
위대한 신이라고 숭배해 온
북아메리카의 지붕
그 속살을 깊숙이 감춘 채
흰옷을 입고 꿋꿋이 서 있다

위대한 산의 정기를 받으려는 듯
하늘의 독수리는 흰 두건을 썼고
땅 위의 곰과 바다의 고래가
눈처럼 하얀 옷을 입었다

넉넉하고 초연한 높은 산이
나에게 겸손을 가르친다

내몽고

야트막하게 드러누운 산이
아름다운 여체의 곡선을 닮았고
앞에는 광활한 평야를 펼쳤다
이곳이 한때는 세계를 주름잡던
칭기즈 칸 대제국의 한 자락

우렁찬 말발굽 소리 간데없고
한가로이 풀을 뜯는 소와 말들뿐
후예들은 몇 푼의 생계비 때문에
사진가들을 위해 물길도 마다 않고
말달리는 모습에 가슴이 아려 온다

Returning

Life's nothing but a journey on earth.
As children return home after school
We go back to our mother's bosom.
It is a comfort to have some place
To return to when our works are done.

Time and Life

When I was too young to know anything
I knew nothing of the meaning of time
I idled away my time on trivial things
Because I had nothing to do with time

When I was old enough t'earn a living
It seemed I was always being chased by time
I spent most of my time with misgiving
Since I was always running out of time

Though I'm very old and feel regretful
There is nothing I can do but kill time
Though I still like to do something useful
I see myself do nothing but chase time

해설

| 해설 |

일상의 기억, 그리고 그 여정

김충식(문학평론가)

올해가 장인어른의 산수傘壽해이다. 산수해를 맞아 장인어른께서 또 하나의 일(?)을 내시고 말았다. 세월을 거스르며 어느 누구보다도 강한 배움의 열정으로 이것저것 안 배우는 것이 없으신데, 이번에는 시집을 내시겠단다. 최근 몇 년 동안 창작하신 시를 모아 시집으로 엮는다는 것은 뜻깊은 일이고 대단한 일임에 틀림없다고 생각하며 장인어른에 대한 존경심이 새삼 커졌다. 단순하게 시를 엮어 낸다고 생각했는데, 그게 아니고 시평을 넣어 시집의 형식을 다 갖추겠다고 하신 모양이다.

"가깝게 지냈던 시인에게 평을 부탁할 의향이었으나 생각해 보니 시답잖은 글을 읽어 달라고 부탁하기가 껄끄럽다"고 하시면서 가족 중의 한 사람이 쓰는 것이 좋겠다고 하셨다 한다. 장인어른은 막내 사위인 내가 쓰는 것이 좋겠다고 생각하셨고 이 사실은 아내를 통해 그렇게 내게 일방적으로 전해졌다. 교수로 있는 세 명의 자녀 중에 한 사람이 쓰는 것이 좋겠다고 발뺌을 해 보았으나 국어가 전공이고 시를 가르친다는 이유로 결국 나에게 쓰라는 영令이 떨어졌다.

'내가… 시평을… 쓴다….' 한 번도 생각해 본 적도 해 본 적도 없고, 게다가 깜냥도 안 되는 일을 하기가 참으로 난감하였지만 한 번 정해진 분위기를 거스를 대안이 쉽게 떠오르지 않았고, 결국 써야 하나 하는 심정으로 몇 날 며칠을 무언의 시위인 양 그냥 흘려보냈다. 하지만 시집을 탈고할 시간은 촉박해지기만 했고 시평일지 감상문일지 아니면 정체가 무엇인지 모를 글을 이렇게 시작하고 있다. 장인어른은 시집의 제목을 ≪숭내≫라고 지으셨다. 겸허하신 마음에 시인을 흉내 낸 것이라는 뜻으로 지으신 듯하다. 나는 겸손을 차릴 여유나 의사는 전혀 없으며 시집 ≪숭내≫에 대한 시평을 쓰는 것이 '흉내' 내는 수준일 수밖에 없음을 고백한다. 오랫동안 정성껏 엮은 시집에 누累가 되지 않기만을 바라며, 그럼에도 이 글을 써 내려가야 하는 고충을 널리 헤아려 주길 바란다.

시는 일단 전체적으로 짧은 것이 많다. 그리고 내용이 대체로 어렵지 않은 편이다. 잘 읽히고 담긴 내용도 어느 정도 이해가 잘 되는 편이다. 처음 시를 대하는 사람들이 요상한 비유와 상징으로 구성된 시를 읽고 도대체 무슨 소리인지 모르겠다는 반응은 최소한 나오지 않을 것 같다. 쉽다고 하지만 가볍지 않다. 평범한 일상 속에 겪는 다양한 상황을 평이한

시어로 상상력과 표현력을 발휘하여 시적인 감성을 잘 담아 내고 있고, 전하고자 하는 메시지도 진지하고 되새겨 볼 만하다는 생각이 든다.

먼저 시는 서문에서 '탄천 가를 거닐며 자연물이 주는 생각거리를 글로 숭내 내어 보았다'고 했듯이 일상에서 쉽게 접했던 주변의 자연물과 풍경을 담고 있다. 대부분의 사람들이 무심코 지나는 장면 하나하나를 주의 깊게 관찰하여 예리하게 포착하고 있다.

언제 달려왔는지
따뜻한 봄기운이
손가락 사이에
한 움큼 잡힌다

—〈개나리〉 부분

탄천이 밤사이
얼마나 추웠던지
입김을 쏟아 낸다

—〈물안개〉 부분

징검다리 뛰어넘는

물거품에 놀라
물고기도 숨었다

—〈탄천 1〉 부분

구름 한 점 노니는
맑은 냇물에
마음의 때를 털고
촐랑대는 물소리로
귀를 씻으니
새벽안개가 쫓아와
얼굴마저 닦아 준다

—〈탄천 4〉 전문

'입김을 쏟아 내는 탄천'에서 봄은 손에 잡힐 만큼 따뜻한 기운을 주고 있으며, '물거품에 놀란 물고기', '얼굴을 닦아 주는 새벽안개' 모두 이미 시인과 하나가 되고 있다. 이는 일상의 사물을 따뜻하게 응시하고 애정 어린 시선으로 바라보는 태도가 그대로 시에 반영된 것이라 생각한다.

자연과 사물은 단순히 바라보며 관찰하는 대상에 그치지 않고, 경이감을 주는 존재로서 많은 즐거움과 깨달음을 주고 있다.

끈질기게 기다린 끝에
이제는 틀림없다 싶어
덥석 잡으려 하면
또 매섭게 달아난다
줄다리기를 하다가
지쳐 포기하려고 하면
언제 그랬느냐는 듯
품에 가득 안긴다

—〈봄 1〉 부분

나무는 태어난 곳에서
일생을 마감하지만
키 재기 경쟁도 않고
다른 나무들과 어울리며
서로의 거리를 지킨다
짐승들과는 먹이와
보금자리를 나누면서도
겸손하여 나이마저
몸속 깊숙이 감춘다

—〈나무 1〉 전문

입을 축일 물만으로
안으로 파고드는 추위를
맨살로 이 악물고 버틴다
모진 고행을 견디며
새 옷 입을 꿈을 꾼다

겹겹이 껴입고도
웅크리고 앉은 나를
나무라는 것 같아
하늘로 얼굴을 돌린다

—〈나목〉 부분

높은 곳엔 원래 마음이 없고
오직 낮은 데로만 임하는
철저한 겸손을 보여 준다

더러워지는 것 상관 않고
온갖 오폐물도 끌어안는
희생과 포용력이 놀랍다

—〈강물의 교훈〉 부분

계절은 때가 되면 돌아오는 게 자연의 이치이지만 막상 계절을 맞이하면 신비롭고 놀랍다. 〈봄 1〉에서도 봄은 쉽게 오지 않을 듯 애를 태우지만 '품에 안기며' 기쁨을 준다. 또한 자연은 늘 인간에게 많은 가르침을 주지만 보통 사람의 경우 잘 알아차리지 못한다. 역시 시인의 눈은 남달라 조용하고 은근하게 말해 주는 자연의 속삭임을 누구나 알기 쉽게 전해 주고 있다. 무한 경쟁의 시대에 자기 안위만을 꾀하는 현실에서 나무가 보여 주는 '어울림'과 '겸손'은 작은 고통에도 나약해져 '웅크리고 앉은' 우리들의 얼굴을 제대로 들지 못하게 하는 것 같다. 여기에 시인처럼 '희생과 포용력'을 갖춘 삶을 살아간다면 세상은 보다 행복해질 것이라는 생각이 든다.

이 시집에서 많은 부분을 차지하는 것 중의 하나가 '삶, 세상, 나'라고 할 수 있다. 여든 성상을 지내시면서 바라본 세상을 몇 줄의 시로 담아내기는 어려울 것이다. 시간이 흐르며 세상이 변하는 것은 당연한 것이지만 예전부터 소중하게 여기던 가치와 정신이 사라지는 것에 대해서는 안타까운 마음이 절로 이는 것이 인지상정 아닐까?

비가 내리는가 했더니
눈이 바람을 타고 몰려온다
땅바닥이 더러워 싫었던지
떼를 지어 수평으로 달려와
아파트 벽에 머리를

들이박고는 꼬꾸라진다
세상이 어수선하니
눈도 사나워졌나 보다

—〈첫눈〉 전문

70년대 초 외국에서
집으로 편지를 띄우면
가는 데 1주일이 걸렸다

안 좋은 소식 읽고는
선 자리에서 답을 띄우고
보름 동안 애간장을 태웠다

아무리 멀리 있어도
얼굴 보며 대화하는
이 편리한 세상에
애태울 일이 줄었는지

—〈전화〉 전문

아폴로호를 타고 간 사람이
구둣발자국을 찍기 전까지는

소복단장한 여인들이
정화수 떠 놓고 두 손 모아
소원을 빌던 신성한 대상

우주과학이란 괴물이
달을 발가벗긴 뒤로는
달을 높이 우러러보고
두 손 모으는 모습을
보기 어려운 세상이다

—〈달〉 전문

눈발이 세차게 내리는 것을 어수선한 세상의 탓으로 돌리고, 문명의 이기로 편리한 세상이 되었지만 여전히 '애태울 일'이 많은 세태를 꼬집고 있다. 또한 순수한 동심을 빼앗은 문명은 사람들 마음속 기원의 대상도 빼앗고 말았다. 시간의 흐름 속에서 읽은 세상의 변화, 그 속에 담긴 삶과 세상에 대한 통찰이 무겁게 다가온다.

삶에 대한 통찰은 곧 '나'의 문제로 이어질 수밖에 없다. 세상의 변화 속에서 '나'는 어떻게 살았을까 하는 것은 자기 삶에 대한 반추이면서도, 동시에 앞으로 살아갈 많은 사람들에게 전하는 메시지이다.

밥벌이를 하면서
항상 시간에
쫓기며 살았다

일터에서 물러난 뒤로
남는 것이라곤 시간뿐
쫓으며 살았다

쫓고 쫓기는 틈에
세월만 몰래 저만치
달아나 버렸다

—〈시간〉 부분

남이사 숭을 보든 말든
숭내만 내며 살아왔다
소질이 무엇인지 몰라
아무거나 숭내 내었다

한 가지 숭내만 내지 않고
이것저것 집적거리다
제대로 배운 게 없다

숭내가 숭인 줄 알면서도
숭내만 내고 살았다
돌아본 삶이 숭뿐이다

—〈숭내〉 전문

오늘의 나를 키운 것은
즐거운 일보다는
힘든 일이었다
몸속에 침입한 모래를
핥아서 진주로 키우듯
괴로운 일들이 모여
나를 만들었으니
아무리 괴로운 추억인들
어찌 소중하지 않을쏘냐

—〈나를 키운 것〉 전문

항상 시간에 쫓기고 시간을 쫓으며 정신없이 살아온 인생 역정에서 어느 날 문득 보니 세월만 흘렀음을 보게 된다. 그리고 '제대로 배운 게 없이 아무거나 숭내' 낸 삶이라고 하지만 스스로를 고난 속에서 키워 냈으니 누가 '숭'을 보겠는가? 여전히 시간에 쫓기며 살아가는 오늘날 힘든 일에 쉽게 지치지 말고 이것저것 숭내라도 내며 살아갈 수 있는 의지라도 보일 수 있다면 좋겠다는 생각이 든다.

고향과 가족은 영원한 동경의 근원이고, 언제든지 함께해야 할 이상향이다. 요즘 시대 고향의 의미는 많이 퇴색된 느낌을 주지만 그래도 많은 이들에게 '고향' 하면 그리운 추억 속으로 빠져들게 한다.

고향은
눈만 감으면
애틋한 생각이
끝없이 되풀이되는
개미 쳇바퀴

고향은
지나간 날들이
잡힐 듯하다가도
손 내밀면 도망가는
아지랑이

고향은
어디에 살더라도
언젠가는 기어이
돌아가야 할

어머님 품속

―〈고향〉 부분

능선 따라 미친 듯 달려가니
어둠 속에 호롱불이 가물가물한
고향 마을이 눈에 들어온다

산자락 따라 고개만 넘으면
어린 시절이 고스란히 담겨 있는
고향이 기다리고 있다는 걸
까마득히 잊고 살았다

―〈안산을 보며〉 부분

땅거미 짙어 가던
베란다 창 너머로
두 산이 만나는 계곡에
까마득히 불빛이 보인다

눈에 익은 듯한
불빛이 이끄는 대로
고향 찾아 쏜살같이

단숨에 달려간다

호롱불 켜 놓고
해어진 양말 깁는
울옴메가 앉아 있다

반가워 덥석 안으니
창문이 손에 차갑다

—〈고향의 불빛〉 전문

당신에게 고향은 '눈만 감으면' 생각이 나고 잡힐 듯이 아련한 곳으로 '언젠가는 돌아가야 할 어머님 품속' 같은 따뜻한 곳이지만, 고향은 가까이 있지 않고 잊고 산 지 오래된 곳이다. 하지만 '가물가물'하고 '까마득한' 고향이 예전의 기억을 고스란히 담은 채 그 자리에서 기다리고 있다. 고향을 그리워하면서도 쉽게 다가가지 못한 것이 '반가워 덥석 안으니/창문이 손에 차'가운 것처럼 마음 한구석을 애잔하게 한다.

막연한 그리움으로 아련하게 다가오는 것이 고향이라면 '가족, 그리고 어린 시절의 삶'은 보다 구체적인 기억으로 남아 있는 듯하다.

우리 어머니

밥도 아니고 떡도 아닌
맹물 상에 떠 놓고
두 손 모으던 뜻을
그땐 어려서 몰랐다

꽃다운 열아홉에
꿈 많던 부잣집 규수에서
가난한 농부의 아내 되어
오 남매 낳아 키우느라
모든 것을 다 바쳤다

—〈어머니〉 부분

두꺼비 파리 잡아먹듯
시퍼런 숟가락이 난무하는
살벌한 전장으로 변한다

부릅뜬 버얼건 두 눈에는
형제자매 간에 지켜야 할
양보란 사치에 불과할 뿐

아무리 숨죽이고 휘저어도
겁먹은 밥티들 피란 갔는지

만신창이 시래기만 낚인다

—〈시래기죽〉 부분

어린 시절 소꿉동무들
배를 채울 것이 없어

진달래꽃 붉게 물들면
분홍빛 새봄을 따 먹고
달짝지근한 삘기를
열심히 뽑아 먹었다

—〈소꿉동무〉 부분

다시 가 본 고향은
볼품없이 쪼그라들었고
고샅길 따라 걸어도
나를 알아보는 이 없다

늙으면 고향 와 살려 했는데
아는 사람이 없는 고향은
고향이 아니다

오래 간직한 귀향의 꿈은
꿈으로만 남았다

—〈고향 마을〉 부분

가난한 농부의 아내로 '모든 것을 다 바친' 어머니에 대한 기억과 시래기죽을 놓고 형제끼리 다투던 가난한 어린 시절의 기억은 생생하고 너무 아련하여 아무런 경험과 기억이 없는 이들에게도 애잔함을 주기에 충분하다. 그나마 같이 진달래를 따 먹고 삘기를 뽑아 먹던 소꿉친구들의 모습은 가난한 어린 시절의 기억에 위안을 주는 것 같다. 하지만 변해 버린 고향은 더 이상 '고향이 아니다'고 한 것처럼 흘러간 세월의 여정만큼 인생은 한바탕의 '꿈'인가 하는 생각이 든다.

시를 쓰고 싶다고 해서 쉽게 써지는 것 같지는 않다. 생각이 많으면 복잡해지고 더 어려워지므로 모든 게 자연스럽게 발현되어야 한다는 생각이다. 누구든지 바라보고 생각나고 기억하는 것을 '시'라는 그릇에 쉽게 담아내기는 어렵지만, 당신만의 시각과 정서를 오롯이 시로 엮어 낸 것이 쉽게 실행하기 어려운 일이기에 말로 표현할 수 없을 만큼 경이롭다. 게다가 인생의 여정에서 담아낸 그 생각의 깊이와 폭을 내 짧은 연륜으로 어떻게 감지라도 할 수 있을까 싶다. 아무쪼록 시집의 끝자락을 차지하게 될 이 글이 시집 ≪숭내≫에 '숭'이 되지 않길 간절히 바랄 뿐이다.

「이 도서의 국립중앙도서관 출판예정도서목록(CIP)은 서지정보유통지원시스템 홈페이지(http://seoji.nl.go.kr)와 국가자료공동목록시스템(http://www.nl.go.kr/kolisnet)에서 이용하실 수 있습니다.(CIP제어번호: CIP2015016568)」

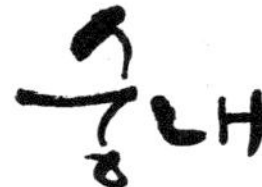

초판 1쇄 발행 2015년 7월 3일

지은이 조석종 **펴낸이** 임정일
편 집 박세인 **디자인** 양동빈

펴낸곳 책나무출판사
출판신고 2004년 4월 22일(제318 · 00034)

주소 서울시 영등포구 신길3동 325 · 70 3F
전화 02 · 338 · 1228 **팩스** 0505 · 866 · 8254
홈페이지 www.booktree.info

ISBN 978-89-6339-442-8 03810